给年轻母亲的信

席慕蓉 著

当代世界出版社

责任编辑：高玉琪
封面设计：蒋宏工作室

图书在版编目（CIP）数据

给年轻母亲的信／席慕蓉著.－北京：当代世界出版社，2012.4

ISBN 978-7-5090-0809-6

Ⅰ.①给… Ⅱ.②席… Ⅲ.③家庭教育Ⅳ.④G78

中国版本图书馆CIP数据核字（2012）第040862号

著作权登记图字：01-2011-8121

出版发行：	当代世界出版社
地　　址：	北京市复兴路4号（100860）
网　　址：	http://www.worldpress.com.cn
编务电话：	（010）83907528
发行电话：	（010）83908410（传真）
	（010）83908408
	（010）83908409
经　　销：	全国新华书店
印　　刷：	北京领先印刷有限公司
开　　本：	787×1092　1／32
印　　张：	4.5
字　　数：	100千字
版　　次：	2012年9月第1版
印　　次：	2012年9月第1次
书　　号：	ISBN 978-7-5090-0809-6
定　　价：	19.80元

如发现印装质量问题，请与承印厂联系调换。
版权所有，翻印必究，未经许可，不得转载！

目录

关于"陶冶"（代序）…………1

美的导师…………18

大世界与小世界…………23

讲究色彩不是奢侈行为…………29

画出心中的彩虹…………35

美丽的声音…………41

母亲的希望…………47

爱是一切的泉源…………53

童心的维护…………59

走一条繁花似锦的路…………65

金丝笼中的鸟…………71

给孩子一些美的熏陶……………78

快乐的树……………84

要怎么收获先怎么栽……………91

床边的故事……………97

应该"抢先"吗？……………104

落空的承诺……………110

美丽的错误……………117

恢宏的心胸……………123

没说完的话（之一）……………128

没说完的话（之二）……………134

关于"陶冶"
（代序）

最近，台湾在一次升学测试的国文试卷上，出的作文题目是："我在成长中逐渐明白的一件事"。据阅卷的老师们说，评分高低的关键在于考生是否能好好阐述"逐渐明白"这一个心理过程。

而我今天的这一篇文字，正好就遇到这个考验。我想说的是关于我和太鲁阁峡谷的多年交往，以及，在这个交往过程中逐渐明白的一些心得和感受。

不知道，能不能把这个题目写清楚？

我曾经写过那个"开始"：

"十八岁那年夏天，第一次认识太鲁阁。

已经是大学二年级的暑假了，画了那么久的国画、临过那么多张画稿，才算第一次面对着真实的山水。

同行的都是同班同学,二十多个人坐在救国团借给我们的军用卡车上,从车子进入峡谷之后,就开始不断地惊呼起来:

'看啊!我的天!快看啊!'

是啊!大家快看!这迎面逼人而来的千仞峭壁有着怎样一种无法形容的气势,而往下看到,立雾溪又以怎样曲折湍急的流势在深深的谷底冲刷着,在大自然惊人的力量之前,我们年轻的心胸整个沸腾了起来,第一次明白了什么叫做'大地山川',第一次明白了什么叫做"有限和无限"。

以后,每次想向别人形容那一种感动,每次都找不到恰当的形容词,挣扎了半天之后,最后总是那同样的一句话:

'你一定要自己去一次,你去了之后就会明白我的

意思了。'

是的,我们不得不承认,在这世间,有很多知识是可以靠课本和老师来传授的,有很多事件可以不必靠亲身参与,有很多名胜可以卧游;但是,我们也一定要承认,对待太鲁阁是不可以这样的,你如果没有去过,你就没办法认识太鲁阁。

在那里,天和地是一体的,风声和鸟鸣是一体的,云雾和星辰是一体的,而当你置身其中,你才会发现,原来人和大自然也应该是一体的。

在那里,山上巨石之间,常有骤雨之后留下的潭水,我们走倦了,就和衣进入山泉里游泳,女孩子的黑色圆裙在碧绿的水面上漂浮起来,温柔的笑容如一朵洁净的睡莲。在那里,我们可以在夜色里横过涧谷,去探视那在白日里曾遥遥注视过的开满了野百合的山

坡，月光下，立雾溪不断地从谷底呼唤我们。在那里，年轻的心胸接受了大自然所给予的最庄严的洗礼，从山中出来以后，生命和青春似乎有了一层更深和更澄澈的意义。

那个夏天以后，我又陆续去了几次，虽说已经过了很多年了，路边添了太多不必要的建筑，每个停留的站上又有了越来越多的喧哗；但是，只要山和水仍在，那第一次的感动仍然会回来。看到那些年轻的孩子们从我身旁惊呼着走过去，我心里就会很感激，感激这大地山川给我们的一代又一代的教育。"（《有一首歌》164页，一九八四年十月初版，洪范出版社。）

那个"开始"的相遇是一九六一年夏天，而在相隔二十年之后的这篇回溯的文字里，依然对当年的初遇念念不忘。

在八〇年代里,因为孩子还小,所以去的次数不多,但是后来就常常带他们去住几天,也会带东海大学的学生去。而最近这几年,反倒是我自己一个人到山中去与朋友会合了。有时候是去写生,更多的时候是无所事事地在山中间逛,去了一次再一次……

今年(二〇一一年)五月初始的一个下午,我又置身在太鲁阁的峡谷深处。往下一直走到河床边,贴近立雾溪,周围是很费了一番功夫才攀爬过来的巨大的大理石岩块,岩石表面有着各种难以想像的纹路和褶皱,我坐在岩石上,听得见水声,也听得见风声和鸟鸣,公路上的车声倒是离我极远。仰视晴空上白云飘过,眼前山壁上的林木新叶萌发出的嫩绿,心里不禁涌动着一种极为愉悦的亲切感,好像游子回到故乡那般的幸福。

是的,这熟悉而美好的太鲁阁,每多亲近她一次,就好像更加深了对她的爱慕与感激,仿佛是回到了自己心灵的家园。

虽然,在这一次又一次的亲近以及感动之间,五十年的时光都已经过去了。

一九六一到二〇一一,我在心中再次确认,是的,从初遇到此刻,五十年的时光都已经过去了。

我当然可以说,这五十年之间与太鲁阁的交往,是大自然对我的"陶冶"过程。

并且,由于这么多年来我一直没有离开绘画,一直都会回来写生,因此,如果说这种"陶冶"是充实我对"美"的追求和认识,是一种"美术教育"或更大范围的"美的教育"的话,应该也可以算是正确答案了吧?

可是,什么又是真正的"美术教育"和"美的教育"?

五十年之后,我在立雾溪湍急的水声之中,开始慢慢自省,想要找出那个可能比较完整一些或者贴近一些的答案。

我不敢用"正确"这个词,是因为我只能以自己个人的成长过程来探讨这个答案。缺乏旁人经验的佐证,既没有统计数字,也没有系统学说,真的只能算是"我在成长中逐渐明白的一件事"了。

我想要试着去说明的就是:

什么是美术教育里的那个"美"?以及,那个"美"通过了大自然之间的种种变化与不变化,如何来塑造我们的心志与灵魂。

再简单一点来说,就是,关于"陶冶"这件事,真正的终极目的，究竟是什么？

在我们这个社会里，由于深受历代沿袭下来的观念所影响，"美的教育"常常被视为一种脱离现实的贵族化的教育，升学考试里没有它，日常的生活里好像也不必有它。因而，如果有人被称为"唯美主义者"之时，跟随而来的评语，带着善意的，或许会说"此人因而善感、多情"。带着恶意的，就会说"此人逃避现实，整日处在风花雪月的梦幻世界之中"。

可是"唯美"这件事，其实有许多层次，许多不同的境界。而世间的"风、花、雪、月"，都是大自然之中的组成分子，若是要仔细去探究，恐怕真是要对它们的变化叹为观止了，那是多么有秩序，多么坚毅而又理性的存在。

在这里，我们且不去追究风的生发，不去追问它催生了什么？又消弥了什么？也不去探问月的运行与潮汐的关联，甚至也不去碰触关于雪的范围。

在这里，让我们只来谈一谈花的萌发，甚至，只谈千万朵花容中的一种——杜鹃。

一位专研植物学的朋友曾经告诉过我，杜鹃花的原乡，有可能是在喜玛拉雅山系，在一处海拔六千公尺的地方，那里有一条"杜鹃花带"。朋友说，杜鹃花的出现，可能是从那里开始的。

然后，或许是因为气候的变迁，或许是生存的需要，甚至可能只是由于鸟雀和走兽无心的散播；总之，在一亿年的时间里，杜鹃花科的植物逐渐在世界各地繁衍了起来。无论是在温带或是亚热带，无论是在野外或是在庭园里，花朵或大或小，叶片或厚或薄，植株或高或低，无论它的外观有多大改变，在这一株植

物的身体里，始终都带着最初始的记忆。如果我们试着来把它"拟人化"的话，我们甚至可以说：无论这株远离原乡的杜鹃，为了求生而有了什么样的改变，在她的心里，却是始终会记得自己的来处，知道自己的所属的。

因此，开花的时候，她知道自己是一株杜鹃，绝不会错开成"芙蓉"或者"玫瑰"。

这样的坚持，这样的绽放，在大自然中处处可见，几乎可以说是一部又一部的"移民血泪史"了。生存的意义以如此惊人的"美丽"呈现，请问，这"美"是再逼真也没有的"现实"，何梦幻之有？（不过，我这里必须申明，也并不需要特别排斥"梦幻"，它其实可以是想像力的泉源。）

说得有些远了，还是回到这个五月初的下午，回到我置身的太鲁阁峡谷深处，回到这正在我身边在我眼前奔流着的立雾溪吧。

溪水依旧湍急，永不停歇地在冲刷着河床旁的大理石岩壁。不过，由于这个春天雨水特别少，所以水位变得比较低，刚好露出岩壁上那一大段曾经被冲刷过的痕迹，水流原本是极为柔软之物，但是因为速度，因为水中的砂砾，再因为太多次的重复又重复，竟然在巨大而又坚硬的岩壁之上，刻划出极深而又极长的凹陷下去的线条，是一条又一条颤抖着绵延着并且仿佛还在流动着的线条。

"反复与坚持之后／柔水终成雕刀"，这是我曾经写过的诗句。可是，不知道是不是因为这个五月的下午我特别贴近河床的缘故，这些被溪水刻在岩壁上的线条格外触动我的深心，好像是第一次的发现。

从年少时就开始的绘画训练，常常让我在写生的时候注意光影变幻，注意整体的空间配置，注意色彩的呼应；可是，一直要到了这一刻，在这个五月的下午，我才看见了隐藏在这些颤动着的线条里却又呼之欲出的悠长的时间。

从这一刻开始，我大概不能再回去画从前那样的"太鲁阁写生"了。曾经自以为画得还算可以的风景，如今才觉出其中的缺失。可是，要怎么把这些颤动着的线条放进画里，并且还能显示出那刻痕中所耗尽的幽远光阴呢？

这恐怕是我在绘画上要面对的难题了。

然而，生命里的遇合常常是"失之东隅收之桑榆"，这个在绘画上的难题和关卡，却又恰恰是在我想要追问什么是"陶冶"的终极目的的时候，给了我以提示和触动的契机。

是的,"美术教育"的终极目的,并不只是在提升我们在创作与欣赏上的技巧、知识以及眼界。"美的教育"的终极目的,也并不只是在培育全民在生活上的品味和境界。关于"陶冶"这件事,所寄望于我们的,恐怕并不仅仅只是文化素养的加深和加厚而已……

那深藏在时间与空间里的寄望,对我们来说,可以很复杂,也可以很简单,难以名之。或者,我可以说,它是一种态度,一种能量,让你能坚持下去,有所为或者有所不为。

所谓"陶冶",或许可以让有些人变得与众不同,变得出类拔萃,可是,它的终极目的并不在此。

我觉得,它真正的目的,会不会是希望我们从"美"之中,得到支持,得到安慰,更得到一种虽说柔软却又极为坚强的定力,好能在不断变幻的时空之中,可以从容前行,找到了让自己安心的位置。

生命里的"美",一如大自然里面的"美",它是感性与理性兼具的,并且是极为安静的坚持。而每一回的亲近,在熟悉的景像之中,又总是会有极为新鲜的触动呈现,引诱你去探寻、去发现、去反省。

原来,人和大自然真的应该是一体的。多少宗教学说里所寻求的"和谐"不也就是希望我们人身里的这个小宇宙,能和周遭的那个大宇宙的运行相合,并且偶尔会因此得到了那可遇而不可求的共鸣吗?

因此,亲近大自然、亲近美,是生命本身的寻求和谐。我们的爱美与唯美,并非逃避现实,却恰恰是以一种更安静与更从容的态度来面对现实,在现实中生活。

这才应该是"陶冶"的真正意义吧。

这是我用五十年的时光在太鲁阁峡谷里慢慢搜寻而得到的解答,亲爱的朋友,不知道你会不会同意?

这本书曾经在大陆出版过,这次能够重新印行,我觉得很欣慰。

在台湾,这本小书曾经得到过许多年轻父母的支持和鼓励。而今天,在这个处处都是物质挂帅的社会里,对幼儿的心灵照顾,应该是更为重要的课题。

孩子的幼年与童年,是最为宝贵的时光,如何能让他们活泼而又自然地成长,是每一位为人父母者的殷切期望。我的这本小书,不知道能不能提供些参考,有些帮助?

在此献上诚挚的祝福。

二〇一一年初夏写于淡水乡居

美的导师

孩子们的幼年,是一片宽阔的原野,你可以在上面任意栽植世界上所有的花草,你也可以在原野上放一把野火,透过这团野火,孩子的世界会变得更多彩,更有生命力。孩子是你的,虽然他往后的岁月要靠他自己,但是,在这最初的几年,在他依偎在你身旁的这几年,他完全要靠你。靠你供给他所有的经验、所有的知识、所有的有关美的记忆。

让我们来做他的"美的导师"。

有很多不同的方法,不同的途径,我们先从最容易,最直接的做起。就是:多带他们接近大自然。

观察儿童画,我们可以发现,越年幼的孩子,对自然界的向往越大。他们作画的题材虽然以小我为中心，但是，每一张图上，总不会忘记加上一个太阳公公、一座山或者一朵小花。

自然界的一切都是创作的泉源，孩子们有一颗敏锐易感的心，幼年时一切的记忆都会深深地留在心中。一天、两天、一年、两年，表面上也许看不出有什么不一样，不过，我可以向你保证，你的苦心你的努力绝对不会白费的。

至于如何培养这种接触呢？我想，从婴儿能够出户接受日光浴时便可开始了。当然，假如你相信胎教的话，那么，你可以开始得更早。假如家居在乡下，或者近郊，那比较没有问题，但是假如家居在闹市里，做母亲的就要稍微辛苦一点了。

有一位女作家，在孩子幼时，因为家居在台北植物园附近，她常常带着孩子去散步。在散步时，总会教年幼的孩子辨认一两样植物，除了辨认名称以外，还仔细观察花、叶、枝的不同。孩子长大以后，母亲逝世了，这个孩子在追念母亲的文字之中承认：虽然和母亲度过了很多快乐的时光,但是最难忘的,仍然是幼年时在植物园中的散步。

试想一下:一个年轻的母亲,牵着幼儿稚嫩的小手,在绿荫深处漫步,这个行动的本身就是一幅美丽的图画。母亲从其中也能得到很大的快乐,更何况幼小的敏感的心灵呢?

也许有些母亲认为,这是不可能的。因为第一没有时间,第二家不住在植物园附近,第三散步是需要闲情逸致的,生活这样紧张,工作这样繁重,哪能天天带孩子散步。给他们吃,给他们穿,就已经很费力了。

《中国母亲底书》的作者张天麟先生,说了句很发人深省的话:

——中国不患物贫而患心穷。

"心穷"!多么可怕的一件事。中国人很爱贴标语:"现在的儿童,就是将来的栋梁"。"儿童是民族的幼苗"。每个成人都会点头称是,并且也深信不疑。但

是，却没有人，没有多少人会注意到儿童的心灵的充实，没有灌溉的幼苗会长得好吗？

其实，儿童所需求的，我们很容易就可以使他们满足。就像一天工作完毕后，父母可以带孩子们在家居的附近散一下步，在阳台浇一下花。也许一天只要十分钟，假如不能天天实行的话，那怕一个星期两次，一次也行。让孩子们和你一起观察这个世界，让大自然走进他们心中。

孩子们会知道感激的。

大世界与小世界

很多美学方面的学者都认为艺术家是有些先天与人不同的禀赋在，这种禀赋并非人人可以求得的，应该承认，它是上天的一种宠遇。

不过，对我们一般人来说，我们虽无法求得宠遇，却可以借培养后天的兴趣来弥补这种遗憾。也就是说：就算我们的孩子不能在成人之后成为一个很伟大的画家，我们却可以让他在一生之中都具有很好的艺术修养以享受做为一个欣赏者的乐趣。

我们有的父母付得起很昂贵的学费，送孩子去学画、学钢琴、学小提琴、学芭蕾……，然而却没有太多的父母付得起每天十分钟的时间带孩子来做一次悠闲的散步。

在幼儿时期，每个孩子都应该富有一种艺术的原创性，所以在观赏儿童画时，常有如"置身山阴道上，目不暇给"的感觉。我们成人就应该好好地把握这一段时间，多供给他们一些机会，多让他们去观察这个世界。

观察四季的变换，观察树叶的色泽，观察花草的生长，甚至观察云的变化；这些都是可以培养幼儿观察力与感受力的最佳途径。

我们周围有无数的小世界，但是因为我们成人看东西的习惯已经受了很深的实用价值观念的影响，所以我们常有"只见森林，不见独木"之感。可是，幼儿的观察习惯却未受社会的影响，因此，他们能用很新鲜的眼光来看大世界与小世界的种种不同。

我们常会碰到这种情况：带着孩子散步，他会忽然蹲下来看蚂蚁排队，或者兴高采烈地捡起一块石头来送给妈妈，要不然就会缠着妈妈追问："为什么在树上的香蕉是绿的？"或者问："小白花有没有妈妈？"

多可爱的问题！多可爱的童心！孩子在问你问题的时候，便是他向你敞开心灵之门的时候，尽量用他听得懂的话来回答他吧，尽量向他显示自然界的奇妙与美好吧。

让我们与幼儿一起来做个欣赏者，从小对自然界的一切能欣赏与深入观察的话，就已在艺术教育上迈出了一大步了。

但是，有一句很重要的话我一定要说出来："千万不要拔苗助长，不要做得太过分！"

这句话在我心中鲠了很多年，每次在看儿童画展的时候，在看报上报道哪个孩子得金牌的时候，在看哪个天才儿童因为幼小就出国，因而长大了就获得成功之类的消息的时候，我心里就觉得有一部分在疼痛，郁闷极了。

今夜，我终于还是要把这句话说出来，我想问问你们的意见，为了那样的一种成功，牺牲了一个孩子幸福的童年，到底值不值得？

我很敬佩陈必先女士，对于她的成就，我一直极为感动。可是，我一直想不透，陈女士的双亲，如何舍得在孩子九岁的时候就让她离开，一个人到遥远的地方，受了那么多苦，只为了要她成为一个伟大的钢琴家。他们如何舍得？如何能够下那样的决定？我一直想不透。

也许因为我是个平凡的人，我不能忍受那样的安排。所以，每次有陈女士的好消息的时候，我都特别为她高兴。幸好她是天才，幸好她成功了，否则，童年的孤单寂寞要拿什么来补偿？

但是，天才到底不多，孩子的童年却只有一次，能让他们在没有任何竞争与压力之下好好地过一个童年，是母亲该注意到的事。

所以我不喜欢看儿童画展，更不爱看有金牌、银牌，第一名、第二名的儿童画展。看孩子们西装笔挺地上台领奖，后面父亲母亲祖父祖母的热热闹闹地围了一大堆，有记者，有镁光灯，甚至还像模像样地发

表一篇得奖感言，那可能是他记忆中最兴奋的一刹那，（不过，多数都是他的父母记忆中最兴奋的一刹那。）但是，然后呢？然后的接着来的日子呢？然后的接着来的比赛呢？

除非他是个浑小子，或者是个傻丫头，否则，他一定会开始有心理负担了。得失的利害很明白地摆在他的眼前，画图对他将不再是一种单纯的快乐，观察自然对他也不再是一种享受，而只是一种资料的储存，一个处心积虑要先人一步的生活的开始。他已不再是儿童了，或者，他心中有一部分已不再是儿童了。

我很讨厌日本的儿童画，正确一点，应该说：我很讨厌日本老师拿出来参加儿童画展的代表作品。那些作品确实有极为敏锐的观察力与发表力，然而却没有童心。

没有童心的童年不是我们该给孩子的礼物。

讲究色彩不是奢侈行为

当我读大一的时候，有一天早上升旗，我穿了一件鲜红的裙子站在草地上，大概太醒目了，有位训育师长走过来，他要求我以后要穿朴素一点，不要穿太鲜艳的衣服。他认为，那样就过于奢华，有失学生的风度。我在那天早上就不以为然，到今天仍然不以为然。因为，人类有权可以生活得多彩一点，同时，暗的颜色并不表示简朴，一块黑色的丝绒，比一块红色的棉布哪个才是真正的奢华呢？

其实在古代，我们中国人的色彩感是非常强烈而优美的。只要仔细观察庙宇与宫殿的彩画，便能令我们现代人感到吃惊与惭愧。我国现代名建筑家卢毓骏先生曾经在他所著的《中国建筑史》里，写了下面一段话：

——中国之建筑，乃色彩之建筑也。若从中国建筑中除去其色彩，则所存者，等于死灰矣。中国建筑内外全体皆以色处理而不留一寸之隙。

不仅是建筑，我们祖先遗留给我们的艺术品也是充满了丰富的色彩。可是，很奇怪的，现代的中国城市却普遍缺乏色彩感，除了灰色还是灰色，要不然，就是些又方便又好用的瓷砖。能给孩子们一个美丽社区，该是我们这一代的理想与责任了。

以我们的能力，现在也许不能马上做到。可是，有一件事情，却是年轻的中国母亲人人都能做到的，那就是，给孩子第一次买蜡笔时，给他买一盒三十六色的。

千万不要因为他年幼，因为他没有经验，因为他刚开始画，就给他买一盒最小的六色的蜡笔，那你就失策了。

因为，在你给他一盒三十六色的蜡笔时，你所付出的是金钱，但你所得到的是孩子因有充分选择而得到了的丰富的色彩经验。而在你给他一盒六色的蜡笔时，你所得到的是少数的金钱，但你所损失的，却是初次的最好的教育机会。

一般说来，在婴儿出生后四个月左右，就可以有辨别色彩的能力，而完成所有色彩的感受，大概要在周岁以后了。但有时候因为环境的影响，有些孩子到了五、六岁仍不能把色彩归类。也就是说，他们无法给色彩一个正确的名称，不过他们可以举出一种相似的物体来说明。例如，我有一次问一个四岁的女孩：

"小华，你的鞋子好漂亮！是谁买给你的？"

"我妈妈。"

"这双鞋子是什么颜色的呢？"

"是……是草地的颜色。"

又好像一个三岁的男孩不会说黄色，可是，他很正确地指出：他爸爸的车子是"香蕉色"。所以，孩子们早已认识了这些颜色，所差的只是给它们一个正确的名字罢了。

真正重要的，是教孩子多观察色与色之间的不同，还有它们相互配合所产生的微妙效果。不过，这里面有一个困难。

因为对色彩的感觉程度，不单是人与人之间有判别，就是同一人的一对眼睛，也仍然会稍有差别。这是因为眼球里的透光体（角膜、前房、水晶体、玻璃体的总称）、虹彩与脉络膜等着色有差异，同时网膜的视神经细胞和视觉的神经中枢彼此多少有差异的关系。两眼的差别，大部分的人都极微弱，平常自己都不会觉得。

根据专家的分类，普通视觉正常的人，按照心理与生理的普遍发展来看，从出生一年以后到童年时代，可以说是色彩的经验期，少年时代为学习期，青年时代为成熟期，壮年以后为衰退期。

因此，我们在与幼儿相处时，要特别注意这些个别，以及年龄差异的问题。

有些父母本身偏爱某一种或某几种颜色,因此,在他们给幼儿添置物品时也常会受本身偏好的影响,这样子是不太妥当的。因为幼儿是个完全独立的个体,我们该尊重这个个体自身的权利,应该多给他提供一些色彩,让他有一次丰富的经验。

因此,自然界的一切颜色变化在此仍然是最好的导师。我们可以带儿童观察天空在晴、阴、雨时不同的颜色,稻子在刚插秧时的嫩绿与快收割时的金黄,海水的深蓝与碧绿,蝴蝶的千变万化的翅膀,热带鱼的奇妙而绚烂的身体,孩子在其中可以得到的收获与快乐将是你我都想像不到的。讲求色彩绝不是一项奢侈的行为,而是上天赐给我们,要我们享受的丰盛的筵席。

画出心中的彩虹

对整个城市的色彩，我们目前还无能为力，但是，对我们自己的家，我们可以想办法给它加一些色彩。

在孩子幼年时期，我们所要做的，就是提供他一些丰富的色彩经验，第一个环境就是他自己的卧室，最好能用调和的色彩，就是看起来比较安静、比较温柔的那一种，因为幼儿休息时需要安静的气氛，调和的色彩可以增加这种气氛。

假如家里太小，孩子不可能自己有一间卧室，那么，就在他的小床上下功夫吧。给他一张干净的小床，常常给他换一些颜色很温柔的床单和枕套，小床假如靠墙，那么妈妈试着给他在墙上画一条弯弯彩虹，浅浅的彩虹，所有的孩子都爱彩虹，无论是画在天上的还是画在墙上的。假如妈妈不会画,那么拜托爸爸画,假如爸爸不会画,就让孩子自己来试着画,假如孩子太小太小,那么就去请邻居的小朋友来试试看,你若怕他画坏,可以先请他在纸上试一试,你一定会吃惊的。

我就有这样的经验,搬了个新家,墙壁都是新刷的,看得我手好痒。于是,一个星期天的下午,我就准备了一大堆水性的广告颜料,几支大号小号的水彩笔,在孩子房间的墙上画起来了。那年四岁的女儿看见了,也要来画,于是,我给了她墙壁右下角的一个小角落,让她尽情发挥,我用了整面墙来发表我自己的构想,我以为我是在用孩子的心在画,构图与题材尽量做得幼稚有趣一点。

我们两个人都画完了,可是两人作品的价值真有天渊之别。在墙壁正中有画得很像的大黄狗、有骑着脚踏车的胖娃娃、有花、有树、有房子,但是,都是呆滞的,概念化的,像极了孩子们用来做填色训练的那些笨画册。

而在墙壁的右下角,有一条弯弯的彩虹,彩虹下有一条水流得很急的瀑布,瀑布旁有好多块奇怪的大石头,瀑布前长着美丽的快乐的花朵。四岁的女孩子还不太会拿水彩笔,不太会调色,把衣服和地面搞得很脏,可是,她在墙上画了一张非常快乐的画,每个来参观的人,在看到她的那个角落时,都会不自觉地咧着嘴笑了起来,说一声:

"好可爱哟!"

是的,孩子们的心是世界上最可爱的东西。他们没有得失的负担,他们也用不着去竞争,更用不着揣摩别人的好恶,他是自然地把心中的彩虹画出来,那条他们最喜爱的彩虹。

当然,不见得我们一定要画彩虹,我只是说:假如能多给孩子们一些选择的机会,他就会多一些快乐的经验。每个人天生生理现象不同,例如有人怕热、有人怕冷,那么前者一定会较喜欢清凉的蓝绿色的调

子，而后者就会比较倾向于红橙的暖色调子。而每个人因为生活经验的不同，性别之间的不同，甚至有时同一个人，也会因年龄的不同、遭遇的改变，而在选择色彩与对色彩的敏感性上产生了很大的不同，古诗有："记得绿罗裙，处处怜芳草。"就已经是对色彩的移情作用了。

因此，在对幼儿色感的培养上，父母切忌渗入自身的个人因素，以免影响了孩子的心理。当然，这是极难做到的，只希望父母能稍微注意一点。

我自己就是无法控制的一个失败的例子：有一阵子，我画画时偏爱用棕色调，没有注意的结果，一年下来，除了自己的穿着以外，丈夫所有的西装、衬衫、领带连手帕都是咖啡色的，女儿的大衣、皮鞋、裙子也都是咖啡色，只有小儿子因为还在襁褓，无法买到咖啡色的尿布而逃过一劫。有一天全家人一起上街，我忽然在商店大镜子里看到自己这一家，像极了自己在画面上塑造的流浪者的形象，灰头土脸的、沉闷极了。在看到镜子的那一刹那，先是一怔，觉得很面善，然后想通了不禁哈哈大笑，笑得眼泪都流出来了。

所以，年轻的中国母亲啊！我们在家中实在是个最吃重的角色，一点也疏忽不得的啊！

孩子们还小，你怎么给，他们就怎么受。只要我们给得温柔、给得自然，他们一定受得愉快。

所以，我希望每位母亲都能帮助幼儿，让他们养成对色彩生活的兴趣，多观察大自然的色彩变化，提高对色彩的关心，同时大胆地利用色彩表达自己内心的情感，在以后画画时才能以丰富的色彩来感动他自己和别人，在生活上也才能成为一个健全和聪敏的儿童。

让我们小心地保护他心中那条美丽的彩虹。

美丽的声音

音乐是无形的绘画,是无字的诗,是一种抽象的最高的艺术。它之伟大是因为它超越了一切的限制,文人雅士能欣赏,乡间小儿也能欣赏,它能直接引起心弦的共鸣,被感动的人,不一定要明白音乐的理论或技巧。

托尔斯泰说过:"音乐对于人类的理性与想像皆不起作用,只是使人陶醉。我听音乐时,不思考,不想像,但觉有一种喜悦而不可思议的情感,使我徘徊于无我的境界。"

这种无我的境界,也是美感教育里追求的一种境界。对刚出生的婴儿来说,也许早了一点,因为他可能对声音没有反应。但是,只要稍微长大了一点，各种的声音便开始进入他的世界，所以，我们要尽量供给他一些比较美丽的声音。

我们若仔细观察，可以看到四、五个月的婴儿听到音乐时会有极喜悦的表情，有时甚至会手舞足蹈。一岁的婴儿会情不自禁地随着节拍跳跃或扭摆，更大的孩子会敲打东西来配合拍子。观察他们的表现，有时不禁会做出一种猜测，那就是说：也许，也许原始部落的歌舞便是这样开始的吧。

在选购婴儿最初的玩具的时候，就可以买一些能发出美妙的叮咚声响的小铃或小钟，再大一点，可以给他们一些在上紧了发条以后，能发出优美的催眠曲或儿歌之类的玩具，注意孩子们的表情吧，他们一定会在起初睁大眼睛，好奇地聆听，然后唇边会显出微笑。在以后，你给他们听这些熟悉的曲调时，他们会兴高采烈，手舞足蹈，天真的心灵竟然能欣赏世间最抽象的一种艺术，这该是多奇妙的一件事。

不过,在婴幼儿时期,耳朵的保育极为重要,因此,我们必须要供给他们清晰、美好、正确的音色,同时还要注意不要让他们感到疲劳。最重要的是,播放时声音宁可小声一点,切忌过大过高,在玩弄铃铛或音乐钟时也别太靠近孩子的耳朵,以免引起过大的耳内震动,若伤害了幼儿脆弱的听觉,那就悔之莫及了。

在我们的幼稚园或小学里,仍然有部分老师要求学生上音乐课时大声唱歌。看孩子们吼得声嘶力竭,教室又毫无吸音的设备,水泥墙,水泥地,可怜孩子们的耳朵与喉咙可不是水泥做的,那样一堂音乐课脸红脖子粗地下来,不知道能得到多少美感效果?

因此,在有一天,我经过桃园市一所国小的时候,竟然听到有一位老师在教小朋友很小声地唱一首民谣时,我在窗外不禁站住了。多美丽的

声音啊！孩子们自由自在地轻声唱着，不必担心别人的声音会盖住自己的，也不必担心会听不见老师的伴奏，可爱的童音把乐曲的表情解释得十分地贴切，让在窗外的我也能感受到他们的快乐，也能想像得出他们脸上的笑容，像春日里洁白的百合花。

这样的好老师我们一定要感谢他，他对孩子的影响极为深远，让孩子在领略到旋律的美感时，也能领略到合群的重要。合群不只是步伐一致、目标一致而已，合群还是一种超越，用很温和、很体贴的方式表达出来。把自己的声音变小，来适合大家的声音，小朋友会很惊讶地发现，这样一来，反而会让自己的声音变得更清晰、更美丽。

请不要轻视一位喜欢教孩子小声唱歌的小学老师，一个快乐的民族的开始很可能就是一堂快乐的音乐课。年轻的母亲们，也请你们不要忽视了自己的力量，请让你的小宝贝从你怀中就能开始领略音乐的美妙,请帮助他成为一个快乐的中国人。

母亲的希望

在这封信里,我仍然继续着上次的话题:音乐的美感教育。我假想,您的孩子已长大了一点,音乐钟单纯的旋律已不能满足他了,我们该给他一些好听的唱片了。在给孩子选择唱片时,以我的经验,开始时最好选些优美的小曲,在这些小曲之中,假如能有清晰的节拍则更佳,因为这种清晰的节拍能刺激幼儿的韵律感。有的幼儿在听到熟悉的旋律时,那种等待与节拍一起动作时之前的屏息与欢欣之情,实在令人叹为观止。

在同一时期之内,不要播放过多种类的唱片或音乐带,除非孩子特别要求你,否则最好每次只选两三首来放给他听,一方面是让他熟悉一下那些旋律，一方面也是不要养成他缺乏耐心的习惯。在播放音乐时，要注意观察孩子的情绪，如果过分疲倦，或者因舞蹈的刺激而有了情绪上过分激昂的神经质现象的话，就应该设法慢慢停止，好让幼儿得到休息。

写到这里，我又要重申一句：我不是专家，也不是权威，只是一个和你们差不多一样的妇人，我能提供的，只是我在幼儿美术教育上的一点肤浅的心得与经验。我不希望年轻的中国母亲们在看了我的信以后，有下面两种反应，那是我最不愿意给你们的两种影响。

第一种的母亲们，看了我的信以后，会很着急，认为自己的孩子已经很大了，可是从生下来以后就没想到要给他听音乐。因此，母亲便产生了罪恶感，认为，自己是个疏忽的母亲，对不起孩子。

第二种的母亲们则很兴奋，并且也很认真地

看完我的信，准备马上就开始逐步地训练自己的孩子，下定决心一定要给他一种最好与最理想的环境与教育。

可是，这两种反应，都不是我希望的，因为，我本来的意思，并不是这样。

我本来的意思，是认为：一切的教育都该是自然而渐进的，发自于内心的。别人的经验对你是个很好的参考，但是，并不完全适合你。像第一种的母亲，很可能没给孩子听过唱片，但是，她一定抱过自己的孩子，在抚慰他入睡的刹那，想必也低哼过一些不太成调的催眠曲吧，对于幼儿，那就是一种幸福与美的享受，有什么能比母亲口中唱出的歌谣更让我们感动与永藏心怀的呢？这样的母亲，就算没特意给孩子听过唱片，对孩子也没什么损失，更不用觉得抱歉。

而第二种的母亲，则会面临一种困扰的情况，她会发现，要完全照着计划来训练孩子几乎是一

种不可能的事，如果勉强都做到了，也需要母亲很大的牺牲，或者使得母亲与孩子都精疲力竭。

而这也不是我的本意，我的本意，是希望母亲们在空闲的时候，能偶尔想到我的话，慢慢地，从容地去引导你的孩子。不要急着订一些计划，也不要急着希望看到孩子的表现，要自然地，宽容地去影响他，让他在你的身边快乐地成长。

最近，我得到一些读者的反应，她们都和我有同感，认为该让孩子有个快乐而没有压力的童年。我也是一直这样地希望着。

但是，我发现，在幼儿时期，只要母亲全力维护，这样的要求还可以达到，可是，孩子进了小学以后，就不太容易了。

进入了小学的小社会，孩子们已开始承受各种角落里来的压力，要小小的面容永远保持无忧无虑已是不可能的事情了，每次面对着一些不快乐的小面孔，我心中都觉得十分疼痛。

母亲的希望,本来不是这样的啊!

爱是一切的泉源

今夜，空气潮湿而温暖，桂花在廊下不分四季地开着，淡淡的香气环绕着我的小屋。在灯下摊开稿纸，我微笑地写下这封信的标题：爱是一切的泉源。

是的，我亲爱的朋友，爱是一切的泉源，在这世间，唯一能让我们在失望的时候不觉得悲苦，在受尽磨难之后仍然能重新再来，在极简陋的环境里能看到最大的幸福的，就是那深沉宽广的爱。

初生婴儿也并不知道这些。在最初的一、两个月里，他只注意自己，只寻求自身的满足，他好像只顾倾听自己内部的声音，只要内在给他舒服的感觉，他就会很安定，别无他求。

到两个月大时，对于巨大的声音，强烈的光，开始有了反应。这时候他的社交性开始发展，他注意人的声音，开始对人微笑。到了三个月后，慢慢开始观察他周围的世界，此时，他会自动把头转向各个方向，不管他所看到的是什么东西，都会使他感到非常高兴。

心理学家认为，婴儿的微笑是他要参加团体生活的第一步，从这一步开始，他与人间有了爱的交流。所以，做父母的要非常欢迎这个微笑，同时也要以微笑来还答他。这个微笑是向他表示，我们欢迎他的加入。父母对婴儿时期的孩子就常给他温暖的笑，是奠定孩子对人类和气与合群的基础。

所以，不要以为孩子太小就不理会他，也不要以为他不会说话就不与他交谈，更不要因为他很乖、不吵闹，我们就把他放在一边很久不去看看他。亲爱的母亲们，我们要在最初的时机里把握住与孩子交通的机会。

孩子最初的伴侣就是父母,你若不去爱他的话,还会有谁去爱他?所以,我们要做的事就是多与他交谈,对他微笑,拥抱他,向他表示我们的爱。在他成长的时候,他也会学会了爱父母、爱朋友、爱这个社会、爱这个世界。

而爱是一切的泉源,尤其是美的事物的泉源,以爱的眼光来看宇宙,你将会看出无限的美好。

我的姐姐给我讲过一个故事:古时候有一个国王,希望能够创造出一种世界语来。他认为:假如人生下来以后,能不受环境的影响,而在说话时开始说出的语言一定是最正确,最适合作为世界语的基础的语言。

于是,正因为他是一国之君,很容易地,他就征召了一些有经验的保姆,再建造了一个设备很完善的育幼院,再从全国各地抱来一些刚出生的婴儿放在里面,一个小社会就成型了。在这个

小社会里别的都与外界没有不同，唯一的诫条就是：保姆在孩子面前不能开口说话。既不得彼此交谈，也不得以任何亲昵的声音来逗引孩子。

于是，实验开始了，保姆们为怕犯错，连一点亲热的行动都不敢表示，不过，在婴儿其他生活的照料上，却是用最细心、最谨慎的方式在进行。几个月过去了，当国王来到育幼院，渴切地希望听到婴儿最初的话语之时，却发现，他的计划彻底地失败了。

所有的幼儿在能开口说话之前都死去了。

没有爱的小生命是枯萎了的花朵。我想，这也许是个虚构的故事，可是，我仍然很恨那个自作聪明的国王。姐姐说完这个故事后，好几天，我心里都很不快乐。

在这世间，唯一不能安排、不能控制、不能解释的东西就是爱。幸运的是，这一种感情是与生俱来，每个人都能享有的上天的福祉。

所以，亲爱的母亲们，让我们在教孩子们知道什么是美之前，先使他知道什么是爱吧，好吗？

童心的维护

常常看到一些母亲教自己孩子画画的镜头，母亲拿着幼儿的手教他怎样画树，怎样画山，看母亲那样权威、那样肯定的样子，我心里就很着急。

帮助孩子长大不是这样帮助法的，很多事情是不可以混淆的。你可以牵着三、五岁小孩的手带他过马路，你可以命令那个年龄的孩子把碗里的菜吃光，可是，你不可以，你绝对不可以，教一个这样小的孩子去照你的意思来画画。

孩子观察这个世界和我们成人所用的方法是不一样的，而这也就是许多艺术家最羡慕的一点："保有一颗纯真的童心，然后用这颗心去观察世界。"我们成人受了环境、教育及生活上种种规范的影响,因此在观察事物时,总有些先入为主的成见与偏差。有些人过分重视实用的价值,有些人过分注重道德的价值,更有些人处处要找证据,认为有了证据才有真;而这些成见与偏差,在儿童和艺术家的境界里,都是不存在的。

我们也都有过童年,那么,试着回想一下:第一次坐汽车的经验、第一次一个人拿了钱去买糖的经验、第一次闻玫瑰花香的经验,试着去回想一下,是不是和以后千百次的经验有所不同呢?那车窗外的电线杆不是都会倾斜着向我跑得飞快吗?那小店的柜台不是特别高?罐子里糖果的颜色不是特别美丽吗?那种甜蜜的花香不是和那个快乐的夏天的下午一样,永远藏在我的心里了吗?

那么,我们为什么要剥夺了孩子们的这种权利呢?在他开始接触这个世界的时候,我们为什

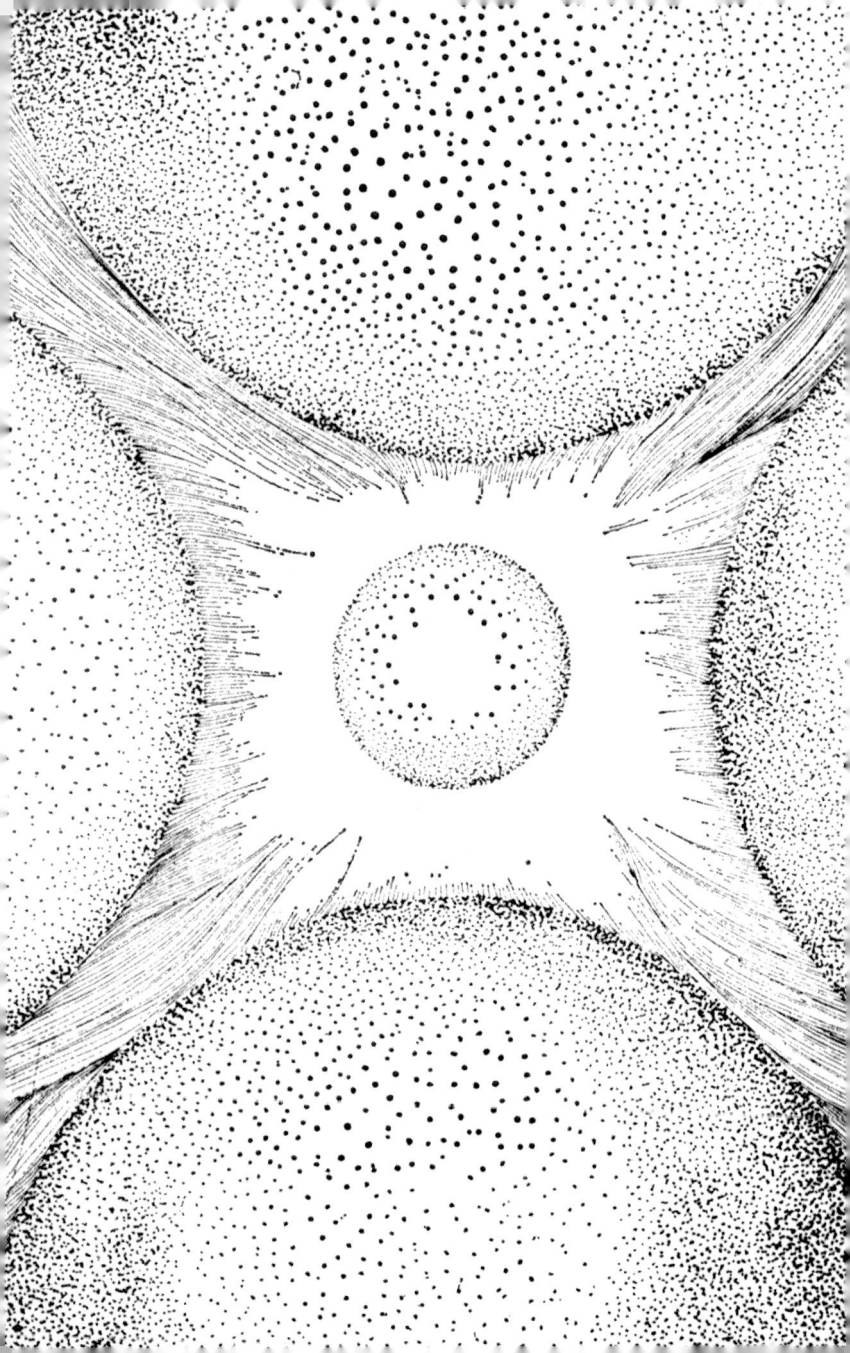

么要先告诉他,树是绿的、天是蓝的、房子的瓦要画成红的呢?为什么不安静地坐在他身旁,让他自己选择他所要的颜色和形象呢?而且,树不一定都是绿的,就算是绿的,也有很多不同的绿,你如何能用水彩颜料里唯一的一支深绿、或者唯一的一支草绿来描绘一棵树呢?

最重要的是:每个年龄的孩子看见的和要表达的东西都不一样,他们有不同的方法来满足自己,绘画对幼儿来说,通常都是一种愉快的过程,画完了以后的事情并不值得关心,他们要享受的只是一种涂抹的快乐,一个严格和挑剔的母亲在旁边只会让他们觉得失措和沮丧。

当然,也有很多母亲是含笑旁观的,不时还给他们一些鼓励,孩子要画就给他画,也不会阻拦他,而孩子画完后的作品母亲都好好地收起来,碰到有机会问美术老师的时候,一定不忘记问:"我家老大很爱画画,怎么办?我应该怎么继续培养他的兴趣？"也有的母亲会拿着厚厚的一堆画去请美术老师鉴定，她的孩子有没有这方面的天才？需不需要特别的指导？

其实，需要特别指导的是这个社会。在这个社会里，大部分的人走出校门后就不再画画，甚至在学校里也自己把自己算做不会画画的一类，"画家"是较为稀少的一种类别，因此，当自己的孩子开始画画时，家长通常就会把这件事情看得很严重。

我想，这其实是一件最自然的事，孩子们没有告诉自己："我是会画的。"或者："我是不会画的。"他心中自然没有芥蒂也没有畏惧。假如这个社会也没有那么多顾虑，没有那么多人暗示你画得好或画得不好，假如这个社会能够容忍一个没进过美术学校的三十五岁的普通人把新公园画得一点也不像，那该有多好！

假如这个社会准我们保有童心，那么，我们

就会看出来：孩子爱画画是一件最自然的事。

有一个小男孩在幼儿园里和老师作长期的战争：无论老师怎么劝他，他都不肯画画。学期结束时，带回来一盒全新的蜡笔和一本还几乎没碰过的涂色本，兴高采烈的在一个下午把所有的画页都着上颜色。

怎么来解释这一件事呢？

走一条繁花似锦的路

生命是纯洁与欢乐的，要迎接一个新生命的诞生是一件严肃而又美丽的事。需要一番准备工作，然而，这准备工作不是从产房开始，不是从医生的恭喜开始，甚至也不是从新婚之后开始，那么，我们应该说要从什么时候开始呢？

也许是要从母亲的母亲开始吧。

我国自古就有胎教之说："姜嫄氏随夫郊祭，观察植物之生长，故后稷乃能树五谷，成为我国农业之始祖。"而"太姒之姙文王也，目不视恶色，耳不听恶声，文王因之而圣明"。

所以，不单是古时的贤母，想天下每一位母亲都希望自己的孩子是健康、聪明而又快乐的吧。虽然，

"胎教"仍然是个还不太能证实的事,可是,医生都同意:如果母亲在怀孕时身心健康愉快,对胎儿一定会有良好影响。

而在孩子出生以后呢?在他成长的过程之中,他的需要又有什么不同呢?他不是一样地,需要成人的无限的爱与关切吗?

只是,我们给他的爱与关切要用不同的方式,不能再以他是一个胎儿的方式来塑造他。我们要注意到他的反应。他已在出生之后成为一个独立的个体,除了你对他的影响之外,他还会接触到别的事物和别的人,世界是微妙与复杂的,他的小心灵也在以惊人的速度成长起来,在这个时刻,他非常需要你的帮助,你的引导式的帮助,而不是,绝对不是,你的强制性的帮助。

在孩子生下来以后,亲友们常爱说:

"这个孩子像爸爸。"或者说:

"这个小的和他妈妈一模一样。"

有这个可能吗?实际上,这是不太可能的,就算是容貌上会肖似，但是孩子仍然有他自己的个性，自己的意见和自己的命运。

对自己孩子漠不关心的父母固然不好，但是，过分控制子女的一举一动的父母也很可怕。所谓望子成龙的心理大概每人都会有一点，不过，有些父母会加以抑制，就是说会看得开一点，但是，有些父母的作风，我们却实在不敢苟同。

有一个女孩子对我说：她无法满足父母的要求，因为，她考了一百分回去，母亲仍然不说她好。她问母亲，要在怎样的情况下母亲才会夸她？她母亲说：要在别人都考不到一百分，而她一个人能考到一百分的情况下才叫做"杰出"。否则，一班里有五分之一的同学或很多人都能考到一百分，那样的一百分就不算一百分，她自然不能满足。

女孩子那年还很小，十岁左右的年龄，却能毫不费力地把母亲的话清楚地转述给我听。她有很多方面的才能，和一个正常的小孩一样优秀，甚至还超出一点，可是，她的父母还不满意。

我不知道，这样的父母对孩子的成长是不是一种负担、一种折磨？甚至是一种阻碍？

父母的生活就是孩子进入社会前的一本读物，父母的生活成功，这一本读物就是优良的读物，否则的话，孩子的心灵就会遭遇到挫折，会产生了一种双重标准的矛盾。

也许，我们可以说这就是"身教"吧。有些父母，在自己的社会里，得不到应有的承认和满足，因而，就把全副心力放在儿女身上。这样的一种父母，照他们自己的看法，应该是值得儿女尊敬与感谢的，因为他们放弃了现在的一切，把所有的努力与希望，都摆在儿女身上，他们可说是：为儿女而牺牲了的一代。

有的，有这样的一代，这一代刚好就是我们的上一代。在连年的战乱之中，在颠沛流离的路途上，用最后一个拥抱来保护了幼小的子女在敌机空袭之中幸免于难，用最后的一点粮食让孩子能支持下去，用辛勤的工作让全家人得以温饱，用忍受一切的屈辱来换

取孩子的自由成长；我们的上一代是为了我们而牺牲的一代，多少可歌可泣的故事在民族的心田里留了下来，划了一道深深的创痕。

正因为有了上一代的牺牲，我们这一代的生活才应该更觉得珍贵和有意义，所以，我们才需要努力地去生活，让我们每一个希望，每一种理想都能实现。我们要生活给孩子们看，让孩子尊敬我们、崇拜我们、效法我们、羡慕我们。让孩子知道，只要努力地去做，只要认真地去走，一定会找到一条适合自己的路。不要去和别人比较，要和自己比较。我想，今夜的我，似乎有点激动起来，是的，我无法很清楚很有条理地说出我的思想，我只想向和我一样的中国母亲们说出我心中的那一点要求。

不要把你的愿望加在儿女身上，不要等着让他们来实现你的愿望。我们还都这样年轻，何不让自己来走一条路，走上一条繁花似锦的路，何不让我们的愿望在我们自己这一代实现。

你的儿女一定会向你学习的。

金丝笼中的鸟

我不得不承认,我是个极为幸运的人。我的童年和青少年时期,家中过得并不宽裕,父母为我们这几个孩子,省吃俭用,一点也不敢浪费。我们住的房子很小,四个女孩子住在一间卧室里,上了大学了,睡的还是小时候的那两张双人床,双人床是浅绿色铁制的,很窄,但是很长,因而可以从七、八岁睡到了十七、八岁。每天晚上,四个女孩子都上了床,(弟弟一个人睡在厨房旁边的小屋子里。)父亲常会从他的卧室里出来,站在我们床前,微笑地说:

"好啊!我的小鸟都回窝了。"

在灯光下,父亲那种温柔而又满意的笑容,我到此刻还记得非常清楚。四个吱吱喳喳在床上笑闹着的女孩子，真像四只快乐的小鸟。没有几件漂亮的衣服，可是大家会交换着穿，没有可以随意挥霍的金钱，可是有可以随意挥霍的爱和关心。在入睡前的一刹那，我们彼此交换一天的生活经验，一天里的喜怒哀乐，姐妹间有那么多可以深谈的话。

那样的夜晚，那样的回忆，是没有什么可以替代的。我们的房子很小，可是清爽而干净，而且窗外有潺潺的流水，有一整个院子的花，有一整个山坡的树。记得，从小到大，总是住在郊区，好像是因为郊区的房子房租比较便宜。（后来，好不容易有了属于自己的房子，仍然是在市郊。）虽然，上学的我们，总为了要转车、要早起、要迟到的种种困境而抱怨过，可是，现在回想起来，那样的辛苦还是值得的。

每年寒暑假的时候，只要我要求，虽然家用很紧，父母仍然每次都让我去参加救国团办的各种活动。所以，才十几岁的女孩，却去过东沙、去过澎湖、去了高雄，上了阿里山，又进了横贯公路。母亲说：

"每次出门，就只会寄一封平安抵达的信回来，然后就没有消息了。几个星期以后，一个晒得像黑炭的人就会出现在门口，箱子里塞满了到处去捡回来的石头，那么重的箱子也不知道怎么扛回来的。"

而那样的生活，那样的回忆，也是没有什么可以替代的。我曾在月光澄澈如水的杉林里，和朋友们同行。在高山巨石堆聚而成的池子里，和朋友们和衣进入，在碧绿的山泉中游泳。我曾为了画几朵瘦弱的百合花，和朋友们精疲力尽地在太阳下去之前，爬上了那座山中的山。那样快乐、尽兴而又美丽的青春啊！

我的父母没有给我一个堂皇富丽的生活环境，然而，他们给了我最大的一笔财富，他们给了我所有能让我亲近大自然的机会，他们给了我一颗自由的心，这是做为一只幸福的小鸟的必要条件。为了这一点，到今天，我仍然在不断地向我的父母说出我心中的感谢。

也为了这一点，我希望我的孩子们也能享受同样

美丽的童年，所以，虽然每次去台北看个画展都要走那么多路，去新竹教书也要往返奔波，可是，我们仍然舍不得搬出石门乡间。虽然，朋友都劝我们，要打事业基础必须要住到大城市里，为了孩子的学业也该及早迁到台北。我知道他们说得很有道理，不过，我仍然尽量地拖延着，希望孩子能在乡下住得越久越好。

我的孩子会爬树，会抓知了，会捉萤火虫。闻得到稻子的香，金银花的香，茉莉的香。早上起来，会去给我采树上新开的白兰花，或者后院刚熟的芭乐。高兴的时候，会向我租一块地，去种空心菜和扁豆，虽然只是五分钟的热度，然而在这样一个丰盛的自然界里，也会有几次小小的收获。有风的天气，去大草地上放风筝，没有风的日子，和小朋友去骑车、打羽毛球。

有一次，我听见姐弟两个在谈话，小的向大的说心事：

"住在台北多好，吃完晚饭还可以出去看电影。"

而大的回答说:

"住在乡下也好啊,吃完晚饭还可以去爬山。"

每次想到要不要搬家的问题,就会想到台北市区里密密层层的高楼,一扇扇为了装着冷气机而紧闭的窗户,为了防盗而装满了铁栅的阳台,想到要住进那样的一个房子里,心里就觉得闷闷的。而最让我颓丧的是,眼看着那样的生活似乎是不可避免的命运,我不知道应该如何去应付?

当然,有很多朋友在努力地去改善他们的居住环境,他们的苦心与杰出的设计让我很感动。好漂亮的家具,好优雅的装潢,孩子的房间也尽量注意到给他们留下活动的空间,有位朋友还很得意地向我展示他为孩子们设计的滑梯,天花板上吊下的绳索,这样孩子们可以在屋子里尽情地游戏,发挥他们好动的天性。

但是,在他向我侃侃而谈的时候,忽然在我心中出现了一个很奇怪的画面:整幢的大楼变成了透明的,在一个个透明的格子里,都有一间装潢得异常热闹的儿童房，一个个面色苍白的儿童在房里的绳索上荡来荡去，尽量地做着父母要求他的一切动作，就好象一只只金丝笼里的金丝雀。

如何能让我们的孩子避免这样的一种命运呢？让我们一起来想办法吧，好吗？

给孩子一些美的熏陶

上一封信里,我谈到居住环境对儿童的影响,有些朋友说,在一个大城市里,无法多与大自然接触,是一种必然的现象。可是,也有些朋友认为,我们可以想办法改善这一种现象,例如,较远的我们可以力行家庭计划,切实地去减轻人口的压力;较近的,我们可以多增加一些社区公园,让孩子们有在户外活动的场地和机会。

事在人为,只要有深谋远虑的政府,有肯合作、肯维持的有公德心的市民,我们的居住环境应该可以逐步地改善。只要我们肯去做,而且做的得法。

我为什么要加上最后的这一句呢?那是因为我有一些感触,很深的感触。我们不是没有社区公园,可是，公园里有太多的铁栏杆、太多的水泥，除了地上铺满水泥以外，还用水泥做出各式各样的东西：水泥的亭子、水泥的柱子、水泥的假山、水泥的竹子，真正是"巧夺天工"！

然而，它毕竟不是"天工"。

公园设立的目的，既然是为了要让住在水泥房子里的人能有个休憩的处所，有个接近大自然的地方，那么，就应该有草地、有树、有真的石头、有真的竹子，哪怕只有小小的一点面积，可是，就应该是真的，自然的。

我不相信会有人对我这句话提出异议，可是，奇怪的是，所有的社区公园都在朝"巧夺天工"那条路上去走。同时，在全省各地只要有人发现了一个风景区，马上会有人在那个风景区里做规划和建设的安排，发展那个地方的观光事业就是充实那个地方的水泥设备：开路，装栏杆，在最漂亮的关口上盖一座红红绿绿的亭子，做了很多水泥柱子。不管是澄清湖也好，石门水库也好，好象观光局长身兼水泥厂厂长，恨不得把所有的名山胜水都糊上一层水泥。

为什么会这样呢？我们中国人不是一向很讲究情趣的吗？不是一向自命为清雅的民族吗？为什么会变成这个样子的呢？

我想，这个问题谈到最后，仍然要回到我们年轻的母亲身上来了，幼儿的美的教育，是我们一定要重视的一个环节。这一代有很多事情我们已改不了了，但是，无论如何，对我们的下一代，我们一定要多给他们一些美的熏陶，而这些美丽的事物从何处能得来呢？

还是原来的老答案："大块假我以文章。"从自然的环境里，我们有取之不尽，用之不竭的美的宝库，只要你肯用心去汲取。

假如不能常常出去看树，我们就想点办法在家里种几盆小花。假如公寓房子不能养猫狗，我们就想办法养只鸟，或者养几条鱼。天气好的假日，尽量多带孩子出去走一走，不用去很出名的风景区，因为一定人挤人，就好像挑个春天上阳明山一样，是存心跟自己过不去。所以，最好找个不出名的小山去爬一爬，或者找个不出名的海滩去走一走。别人都去白沙湾的时候，我们一定不去，这样，才能够好好地度过一个愉快的假日，不会搞得人仰马翻，而什么都没看到、也没享受到。

孩子们的心，是最敏感的一颗心，请给他们足够的飞翔的自由与空间。在旅游的途中，除了给他们果汁、汽水、干粮以外，请随时随地培养他们观察大自然的兴趣与习惯。常看《国语日报》上的儿童作品，有些孩子们写的游记是一套公式：坐车去目的地，到了目的地吃东西、玩游戏，然后坐车回家。当然，对孩子来说，换了个地方去游戏和吃东西已是很快乐、很满意的事了，可是，我很担心，这里面会出来很多未来的水泥厂厂长，假如他将来不负责观光事业或社区公园的建设也就罢了，否则的话，二、三十年后，

我们的风景区将剩不下多少自然的风景了。

就像淡水海边那一片孤独的水笔仔一样,大自然是一种不可以随意糟蹋的珍宝。我们要让我们的孩子认清楚这一个事实,让他们知道:所有美丽的事物都该用全心全意去维护与爱惜。

快乐的树

我们常常在不知不觉之间，给了孩子很多的暗示。

好像，我们常常希望男孩子勇敢，希望女孩子温柔，希望这个孩子功课能再好一点，希望那个孩子说话能再流利一点，而假如孩子和你心中原先为他铸造的模式不一样，你就会感到失望。当然，你也许并没有表示出来，不过孩子是很敏感的，他也会觉得出你的失望，因而，他也会对自己失望了。

对幼儿画画这件事，原本不应该有这些烦恼。假如每个母亲都能了解，她的孩子在这个年龄，画图只是游戏的一种，无所谓画得好或画得不好的话，事情就简单得多也快乐得多了。可惜的是，能这么想得开的母亲并不多，于是，幼儿的生活中就平添了很多不必要的烦扰。

孩子一开始拿笔,母亲就紧盯着他的成绩,孩子若偶尔心血来潮,多画了几张,母亲就到处打听有没有训练学前儿童绘画的美术班。当然,我们不一定认为他画得很好,不过,他至少必须要比邻居的孩子画得好。假如送他去老师家学画,我们也希望老师能多指导他一点,假如老师有一次大大地称赞了另外一个小朋友,我们虽然不会生气,不过,我们也不会太愉快。在回家的路上,我们虽然没有说什么,不过,孩子也沉默下来了。

那么,那样早就给孩子一种压力,到底是爱他呢?还是害他呢?连画一张画也要在三、五岁时就开始去拜师,到底是在为他铺路呢?还是在为他筑墙呢?

我绝不是反对孩子去上绘画班,我只是反对父母送了子女去上绘画班以后,就希望孩子能在班上得个画图第一,或者在学校里得个画图第一。"艺术"这一

种东西本来就不太能论斤论两地称分量排名次，更何况小小年龄的"儿童画"。我很佩服儿童画展的评审先生们已不再用第一、第二来硬性地分出孩子作品的高下了。说实在的，十岁以前的孩子的作品，假如是他高高兴兴、自由自在地画出来的话，每一张都应该是第一。因为，他充分地表现了他自己，而且也在画图的过程中享受了他应得的快乐，得到了他应得的经验，那么，他的那张作品就该是一张成功的作品，该得到第一名。

当然，也有一些专家们认为，十岁以前的孩子，若能注意地加以训练，他们在绘画上的表达能力会大为增强，就是三、五岁的幼儿，也可以得到一些帮助。可是，我一直有这样一个疑问："为什么要训练他们？用什么观念与方法训练他们？以什么标准来衡量他们作品的好坏？"

对一张成人的作品，我们常爱用"色彩丰富"、"构图有趣味"、"技巧纯熟"之类的话来赞美，这样来赞美一张你喜欢的画是可以的，但是，假如以此为标准来评判其它的画则是不可以的。因为一个人画出一张画不像演算出一题数学题，是没有任何规则可循的。我们对"艺术"这两字常带有一种微妙的情绪，就是因为我们希望它是与日常生活不相同的，能给我们以一种安慰和超出不凡的感情的东西。那么，我们为什么又一再地以世俗的规范去衡量他呢？

而对于一个稚龄的孩子的作品，我们更不应该定出一个标准了。用成人的眼光，我们只能说，他画得非常"可爱"，或不太"可爱"。假如在一个班级里，有的孩子因为家庭幸福，不太受束缚，因而在画图时也能放心大胆地用颜色，使整个画面充满了光辉，而另外的一些孩子，因为生长在不幸福的家庭里，心里有很重的压力，因而画出一些很冷很乏味的作品，那么，我们能给前者第一名，给后者最后一名吗？这样的评审公平吗？就算在同一个家庭里，假如一个孩子天性好动，他的画面构图常常极为活泼有力，而另外一个孩子生性畏羞，画起画来也总是很拘谨，那么，你能说前者比后者有绘画的才能吗？你如何能够看出他们内在的真正的潜能？你又如何能预知他将来的命运呢？

说到这里，你们一定会有疑问了："那么，母亲到底可以做些什么呢？"亲爱的朋友们啊，我们可以做的事情可多着呢！

首先，就像我以前所说的，给孩子很多的爱，同时，暗示他，不管他的画画得比别人"好"或"不好"，你都最爱他，你要让他安心过他的童年。然后，在你给他生活起居上应有的照料之后，你必须要放开手，给他一些生活上的自由。爱是关切，是注意，但不是束缚，更不是占有。你要有胆量并且有度量地让他自己去探险，自己去经验，让他偶尔痛快地玩几次泥沙，下雨天让他踩水，让他偶尔跌几跤，让他去爬树，让他自己去选玩伴，让他被人欺负几次，也让他揍几次别的小朋友，让他去哭，让他去笑，让他偶尔有一次尽兴的奔跑；我们要做的，是在旁边注意他，在有限度之内，容忍他。

同时，在他很多"第一次"的经验里，例如第一次坐火车，第一次看电影时，我们都要在事先尽量避免给他一种概念的灌输，尽量把第一次的新鲜感留给他享用，让你的孩子在你不着痕迹的关切之下，长成为一个有着敏感的触角，不断地吸收新的经验，不断地发现生命中的乐趣，并且兴高采烈地享受着生活中的热情与美好的人；那么，就算长大后他不一定能成为一个画家，他也必定会是个喜欢画画、喜欢看画的人。

在这世间，没有什么修养与能力是可以"速成"的，尤其在艺术的领域里，更需要时间与兴趣。亲爱的朋友，请微笑地、耐心地让你的孩子在你关怀下恣意地成长，你要种的是一棵枝叶繁茂的快乐树，而不是一棵被修剪捆绑得伤痕处处的盆景。

要怎么收获先怎么栽

今天让我们来换一个话题,谈一下"玩具"。专家们认为,玩具对于孩子有两个作用:一个是供给孩子的消遣及娱乐,另一个是启发孩子的想象力及训练思想和注意力的集中。因而玩具可说是幼儿生长过程中的良伴,和家庭教育能借助的工具,它的重要性不容忽视。

我们大人在给孩子选购玩具时,常会带有一种不自觉的补偿作用。就是说:在选购的时候,我们并不很客观,有时候在童年时因为某些原因未能得到的玩具,一旦在成年后发现还有类似的东西存在时,一定会如获至宝似的买回家给孩子,想从孩子的笑靥之中获得另外一种安慰,若是孩子并没有像我们预期那样

地快乐,我们就会很失望,甚至有时会"恼羞成怒"地骂他:

"怎么那么不知足!有这么好的东西玩还不高兴,你爸爸妈妈小时候想玩都玩不到……。"

我也犯过同样的错误。小时候很喜欢漂亮的铅笔、漂亮的本子,因此,女儿生日时,常常买很大盒的蜡笔,或者色笔送她。开始的时候,女儿年纪还小,也没什么特别的反应,一直到去年生日,她上三年级了,我送了一盒七十二色的包装得非常精美的色笔给她,她却流下泪来,很小声地问我:

"妈妈,我讲一句话请您别生气,您以后可不可以换一种生日礼物?我已经有好多盒色笔了。"

在那一刹那,我才发现,我哪里是在为孩子买礼物呢?这么多年,我买的一直是我心里想要的那一份生日礼物啊。想通了以后,不禁对孩子觉得非常抱歉。

孩子有各种不同的需要,不过,对于玩具的选择,我们也有一些共同的,要特别注意的原则:

一、要依据年龄大小来选购：否则教育效果等于零。

二、要能选择引起他兴趣的玩具：否则他既不爱玩，更不可能促进他的智能发展。

三、要能引发他的想象力，并且有参与性的玩具：有些家长喜欢买非常精致与价昂的玩具，认为这样便是疼爱孩子，其实假如孩子在玩这种玩具时是处于旁观状态，无法加入游戏之中的话，对他来说，这种玩具是没有什么用处的。

四、要注意安全：有些玩具制造商非常没有职业道德，因此常有发生意外的可能，所以我们买时要多留一些心。易碎的、油漆脱落的、零件太小的、容易生锈的、棱角太尖锐的玩具都要避免，尤其在孩子的幼儿时期，更要慎重考虑。不管玩具再多好玩、多具有教育意义，只要有任何安全上的顾虑，我们都要拒绝购买。

五、要经济耐用的：没有什么比一个刚买来的玩具马上就坏了的经历更让人泄气的了。尤其幼儿更会觉得痛苦,因为在幼儿时期,玩具就是他的伴侣,而一个不可靠的伴侣比没有伴侣更令人不安。

六、玩具不能一次买得太多:这样容易让孩子疲倦,并且养成不能专心的习惯。就好像有些游客一天之内要看好几个博物馆,最后你问他看到了什么,他一定不能给你一个满意的答复。

我们可以这样说:玩具本身安全、耐用、又能引起孩子的感情与兴趣,孩子能从其中得到充分的参与感、并且能够发挥他的想象力的,才是最成功的玩具。

其实,在我们身边,这样的玩具多的是,全看我们做父母的以什么态度来对待它。就好像给一个安静的男孩几张白纸,他就会给你变成几架飞机、船、火箭,然后再编出一个下午的种种探险的故事。给一个爱涂爱抹的孩子一支粉笔,一大块平滑干净的地面,他就会给你变出各式各样的图案出来。给一个爱动的男孩或女孩种一棵树,一棵可以让他爬、可以让他骑、

可以让他荡秋千的树,那将是他最乐于亲近的伴侣,比你用好几千块给他买个电动玩具要好个几千倍。

从小培养孩子一种兴趣,其实就等于培养一种智能。假如你能从小让孩子知道从自然界里找寻玩具与乐趣,他长大以后,我想,一定不会去电动玩具的店里长时间地逗留了吧。

要怎么收获先怎么栽,应该是不会错吧。

床边的故事

大概所有的中国人都听过"虎姑婆"和"傻女婿"的故事吧。通常都是小时候躲在母亲的怀里时听到的,长大了以后,自己有了孩子,也会在把孩子抱进怀里时,小声地为他讲这些故事。古老的传说就和古老的歌谣一样,在幼儿的床边,在昏黄的灯光下,一代一代的传下来。

别忽视这些小故事的力量,如果我们故意说得严重一些,我们可以说:整个民族的文化也系在这里。当然,我们不必这样严肃与慎重,我们可以这样说:常常说故事给孩子听,可以培养与启发他的想象力,让他的生活能够更丰富与更美丽一点。

为什么我要强调我们不必要持太严肃与慎重的态

度呢?因为,如果我们用这样的态度来给孩子说故事,那么,那故事一定不会好听。除非是一位有着惊人的文学素养与说话技巧的母亲,否则的话,在那样巨大的心理压力之下,说出来的故事一定味同嚼蜡。

就像我有一次,在书店看到一套什么中国的好孩子的故事集。我的天,这哪里是在说故事,根本就是印教条,一条条地在教训人,第一个好孩子和最后一个好孩子除了名字不一样以外,其它差不多都一样,都是天下至孝,都可当选模范生,但是都一模一样得一点意思也没有了。书印得不错,插图也很清爽,就是那个说故事的人太严肃、太慎重、太辛苦了。害得我一面看一面叹气,不知道他是想要说故事呢?还是要编模范公民课本?

其实,就算是上公民课,也该要符合"潜移默化"的教学原则。优秀的老师,常能给学生以一种如沐春风的感觉就是这个意思,最成功的教育应该是一种最不落痕迹的教育,而不是一种标语化、教条化的教育。

所以，亲爱的中国母亲们，在我们给幼小的孩子说故事时，让我们先尽量放松下来吧，让我们和孩子一起进入一个神奇和美妙的世界。在那里面：傻女婿一次一次地说错话，孙悟空一次一次地翻着斤斗，海龙王的公主有多么美丽，虎姑婆有多凶恶；让孩子与你一起分享我们祖先的幽默与智能，让他在你温暖的怀抱里，睁大着他亮晶晶的双眼，和你一起观看那看得见的和看不见的世界的美丽变幻吧。

不过，尽管我们可以在讲述的时刻，随意添枝加叶来满足孩子的需要，可是，有几个小小的原则是我们一定要记住的：

第一：太残忍的故事不要讲：这一类故事常在中国民间传说之中出现，虽然故事的表面是宣扬善有善报、恶有恶报等因果报应的道理，但是，太残酷的报应会使孩童受不了。

第二：太悲伤的故事不必讲：这悲伤的程度在成人们看来就不大一样了，因为我们的生活经验或社会

见闻使我们对于很多事情的感觉都有点麻木了。可是孩子和我们不一样，他们的心柔软又和善，常为了一个虚构的生离死别而热泪盈眶或终日耿耿于怀。这并不是我们说故事的人所要求的效果，所以，最好能加以避免。

说到这里，我又要提起我对日本卡通的憎恶，就像那部一播再播的《小蜜蜂》，总要制造很多悲伤的气氛，小蜜蜂总是阴错阳差地找不到妈妈，找不到妹妹，总是有好多误会，好多牺牲，好多可爱的小虫为了小蜜蜂死了。也许因为整个卡通是以昆虫为主角，所以遮掩了一些凶煞的气氛，但是你若以一个柔软稚嫩的三、四岁小孩子的心去看的话，在那些美丽的花车林木配衬之下，《小蜜蜂》这部卡通表现的是一个多么残酷、悲伤和血腥的恐怖世界啊！

不止是这一部《小蜜蜂》，有很多部日本卡通都给我这种疑问。后来，看到王孝廉先生在一篇文章里提到日本人喜欢樱花，和日本人悲观的民族性相合，我才稍微有了一点了解,那就是说:日本的成人喜欢以这样悲剧性的卡通来教育他们的孩子。如果,我猜测的不错,那么,他们有他们的道理,他们有他们的自由。可是,我们中国人一向是温柔敦厚与达观的民族,怪不得我们的孩子们,特别是幼小的孩子们都受不了他们的卡通,都会向妈妈要求:"我们不看好吗?关上好吗?"

我们的卡通呢?适合给我们的孩子看的卡通呢?到底要在哪一天才能在荧光幕上出现呢?

第三:要看幼儿的年龄与个性来选择题材:我知道有不少的母亲很适当地用床边故事来解决了白天教育上的难题。只要在平时多观察幼儿的性情,在讲故事的时候,一方面讲他爱听的,一方面也试着用不同的故事来影响他,例如性情较懦弱的,偶尔要给他说些英雄的故事,性格较粗暴的,偶尔要给他说些扶助弱小的故事,虚荣心强的孩子,偶尔要说些主角很有内在美的故事给他听。总之,爱孩子的母亲应该是很聪明的母亲，知道什么时候要加强一点，什么时候要减弱一点，一切都要适可而止。让你的宝宝总以为你是在轻轻松松地讲故事，在一点也不勉强的情况下接受到你正确的人生观，这是个不能忘记的原则。

  我们也许不能在众人面前畅所欲言，我们也许不能出版一本又一本的著作，我们也许没有可以登台高歌的好嗓子，我们也许不能随时画出美丽的风景，可是，只要我们是个爱孩子的妈妈，只要我们有一点空闲的时光，那么，不必一定要等到晚上的床边，我们现在就可以把孩子抱起来，抱进我们温柔的怀里，开始小小声地，给他讲一段小小的故事吧。在只有我们两人的小世界里，让我做一个伟大的艺术家，让我为我的孩子创造出一个奇妙的世界，让我为我的孩子呼风唤雨，把窗外满山的芒草都染上一抹耀眼的金黄。

应该"抢先"吗?

有些朋友的孩子在五岁多,就背着大书包上一年级了,有的朋友碍于学校规定,怎么也塞不进去,就会埋怨:"怎么办?又要损失一年,多划不来!"我对这种论调,打心里就有反感。对别人,我不知道早读一年书是不是赚了一年?但是,对我自己来说,早读了一年多的书,却实实在在地损失了我好多年。就只是因为姐姐上学了,我在家里没有玩伴,于是,还不到五岁的我,从没进过幼稚园,就跟着姐姐上了一年级。对我来说,这一段入学的开场白实在是一个真实的噩梦。什么都不会,什么都不懂,而别的同学却什么都会,什么都懂,幼小的我并不知道这是年龄所造成的差距,却以为是自己的错误,整天战战兢兢地过日子，那滋味真是难受极了。到现在有时候睡梦里还会出现类似的经验，好像打开书本，却发现一个字也不认得，要考试了，就是想不起来上过这样一门课，或者，上课的时候，总找不到课本，找不到教室等等，总是一身冷汗地醒了过来。

我的小学一、二年级，就是这样过来的。我很清楚地记得，有一次，老师发了一张考卷下来，要在右上方写下自己的名字，我写下了"席"字，可是"慕"字对我委实太难了，我只会写上面的一半，"蓉"字我更不会写，只好写了几个自己会写的字交了卷："席草生"从此就变成了整个班级的话柄，也在多年以后成了家人之间逗趣的笑料："好好的席慕蓉不要，她偏要给自己取个名字叫席草生！"每次提到这件事，大家都会嘻哈地笑个不停。

可是，在当年，对我来说，这实在并不是件有趣的事情。到了二年级，我仍然是个不受老师喜欢的迟钝的学生，常常会逃学，会说谎，有一次成绩单发下来是三十五名，我躲在厕所里用纸条贴上再用墨水涂改成第五名，父亲在客厅等着我们姐妹交出成绩单，两个姐姐总是考第一或者第二，而当我双手发抖地交上我的成绩单时，我心里很清楚地知道所有在场的人都看出了我的作伪，可是，奇怪的是，大家都没有揭穿我。两个姐姐安静地站在旁边，而父亲用很平和的口吻说："老师怎么把成绩单搞得这么脏呢？你明天去问一下老师再来告诉我好吗？"

我很感激我的父母和姐姐们，在这最紧要的关头护住了我的自尊，让我在第二天晚上，心甘情愿地流着泪向父亲坦承了一切。父亲大概也早已向老师打了招呼了，因此，在学校里老师也没有为难我。第二次月考我考了第十九名，父亲还大大地夸了我一番。从此以后，在我的小学生涯里，我没有考过四名以下，终于走出了那个噩梦。

不过，我始终认为，若是我能在六岁以后才上学的话，我也许能够应付得更好一点，更从容一点，更快乐一点。

所以，我总是劝我的朋友们，让孩子等到入学的规定年龄到了之后再上学，宁可晚个半年，也别早上半年。在孩子的心智与心理都发展得可以应付的时候，再让他去面对他将来的世界，孩子会比较容易建立起一个良好和稳固的基础。

其实，每一个为人父母的，都希望自己的孩子能够这样地进入社会，在报上常看到一句广告用词："孩子，我要你比我更好！"道尽了天下父母心。然而，"更好"的定义是什么呢？五岁入学是不是就比七岁入学要更好呢？二十岁大学毕业是不是就比二十二岁毕业要更好呢？

在这个竞争日趋激烈的社会里，很多事都要抢先，可是，也有很多事不必一定要抢先，更有很多事是绝对不能抢先的。在幼稚园里，听说有很多家长要求老师教孩子们认字、写字，有些幼稚园甚至还有家庭作业。我认为，假如老师让孩子在合适的情况之下认得几个大字的话，倒也无所谓。如果五岁左右的孩子在街上指着店招大叫："我知道这个是大！那个是中！还有日，还有月！"或者拉着妈妈的手说："妈，快看！那是牛！吴老师今天教我们写牛字，还教我们画牛！"对母亲来说倒是一件很愉快的经验，眼看着几天以前还是个纯粹"文盲"的孩子，忽然之间对着文字的世界兴奋得大跳大叫，母亲心里还真的满感激老师的哩。

但是，若是一本正经地当做功课来做，甚至还发家庭作业的簿本的话，就是一件无法容忍的事了。孩子何辜？为什么一定要缩短他们无忧无虑没有竞争的童年？

为什么不让孩子以从容的姿态来迎接这个世界？这世界本该是一个空明澄净极为美丽的世界。

落空的承诺

在这一封信的篇首，我想引用一段卡里·纪伯仑在《先知》那本书上的话：

一个怀抱着乳儿在胸前的妇人说：对我们讲关于孩子吧。

他说：

你的孩子并不是你的。

他们是"生命"的子与女，产生于"生命"对它自身的渴慕。

他们经你而生，却不是你所造生。

虽然他们与你同在，但却不属于你。

你可以给他们你的爱，却不是你的思想。

因为他们有他们自己的思想。

你可以供他们的身体以安居之所，却不可锢范他们的灵魂。

因为他们的灵魂居住的明日之屋，甚至在你的梦中你也无法探访。

你可以奋力以求与他们相像，但不要使他们肖似你。

因为生命不能回溯，也不滞恋昨日。

你是一具弓，你的子女好比有生命的箭借你而送向前方。

射手看见了在无限的路程上的标记，而用它的臂力弯曲了你，以使他的箭能射得快而且远。

愉悦的屈服在它的手中吧；

因为正如它爱那飞驰的箭，同样它也爱强固的弓。

我很喜欢纪伯仑。在欧洲读书时，朋友送了我一些他的作品，都是法文版的，回国后发现台湾也有中文版了，而且译得很好，是由王季庆女士翻译的，我上面这一段就是抄自台湾的中文版。

我觉得，他把父母与子女的关系做了一个非常正确的比喻，虽然极美丽极有诗意，可是也极为严肃。

我们常常会认为，孩子是"我的"。本来也是，从怀他、生他、养他到教育他，哪一点不是我们的心血？哪一处不是我们的牺牲？从一个完全无助、完全无知的小小婴儿，长成到一个可以和我们顶嘴，惹我们生气到最后离开我们自立门户的大孩子为止，哪一天他不是在我们的羽翼之下？除了我们以外，有谁可以有权拥有他？他不是我的还会是谁的呢？

当然，对开明的父母来说，这并不构成任何问题，他们会知道，对孩子的控制与关切该到什么地步，什么时候该坚持原则，什么时候该装一装糊涂，孩子们其实心里也会明白，犯了错自己心里也会知道。

可是，对某一些父母来说，假如他们坚持孩子是"我的"的话，事情就会变得很可怕了。

常见到盛怒的父亲打孩子，旁人看不过眼，去劝架，得到的回答通常是：

"孩子是我的，我要把他打死你也管不着。"

从法律的观点上来看,他如果把孩子打死了,别人当然管得着他。从伦理的观点上来看,他既是孩子的父亲,说的应该只是气话,他绝对舍不得把孩子打死。可是,从另外的一个角度上来看,有多少父母正以绝对主观的方法来把孩子逼到一个无法招架的境地。

在某些家庭里,常会发现一些比较受漠视的儿童,而这些儿童在待人接物或学习的表现上也常有令人不愉快的表现,两者之间有时可以说是一种互为因果的关系。

父母常在不自觉的状况之下评判自己的孩子:

"老大将来一定有出息。"

"我们家最不争气的,就是老三。"

孩子们从眼色或语气之中感觉到自己的价值,幼小的他,并不知道这只是父母主观的衡量,他会以为这就是事实,认为自己也许真的就只有这种价值。

另外一种家庭,对每个孩子都做到公平对待的程度了,也注意到每个孩子不同的个性与爱好,父母常会在朋友之前介绍：

"这是我们家的文学家。"

"我们老幺，是个学理工的料子。"

当然，幼时的爱好常会引伸为成人后事业的基础，但是，过早的定型并不一定妥当。因为，有时候一个人的兴趣可以有很多种类，大树尚且要向四面八方去深入扎根，每个方向的成长都是不可预料的，更何况一个人呢？所以，最好避免太早给孩子下断语。

更有一种父母，认为只有他们为孩子安排与计划的那条路才是最好的一条，孩子自己所做的其他试探都是浪费与荒谬的。每一个孩子都渴望父母的爱，渴望得到父母的称赞，所以，有不少孩子是诚惶诚恐地走上父母为他安排的路。有能力走的，我们还可以期待一个美丽的将来，但是，如果孩子实在没有能力走上那条路的话，对他、对父母，生活都会变成了一项痛苦莫名的负担。

写到这里，心里很难过，因为，没有一个父母愿意将自己的孩子逼上绝路。问题是，在一个人口激增的社会里，若不这样做，孩子将来可能就没办法好好生活。我们最常听见的承诺是：

"你只要好好读书，将来一定可以成功。"

真的是这样吗？如果我们立法院的委员先生们还不肯为"人口红灯"想一些强制性的办法的话，将来恐怕并不会这样乐观了。

也许有读者会觉得我很奇怪，从纪伯仑那么美的诗句开始，却以希望立法不准再多生孩子做为结论，不是大煞风景吗？我亲爱的朋友，窗外的茶花开得越多，风景会越美丽。但是，在我们的小小庭院之外，整个国家正面对着一种逼人的人口压力，若不再想办法，恐怕将来就再也不能给我们的孩子任何美丽的承诺了。

美丽的错误

张秀亚女士在她的一首诗里,写出了一个极美的境界,这首诗是这样的:

小白花

——之二

小白花,

像一个托着牛奶杯子的天真孩童

到处倾洒着,

风吹来,小杯子歪,

又洒出去一些。

刚看到这首诗时,觉得心里好像变得非常干净了,然后,才忽然醒悟到,我怎么从来没有用这样的一颗心来对待过我的孩子呢?

不是吗？当幼小的孩子拿着杯子歪歪倒倒地走过来的时候，我不是都只会紧张地瞪着他，深怕他会把杯里的东西洒泼出来吗？而若他真的洒了，我不是每次都会很大声地斥责他吗？就算有时候能够控制情绪，不严厉地对待他，可是，每次不也是赶快地拿着抹布东擦西抹地，很强烈地暗示了他："我在做一件错事吗？"我为什么要这样对待他呢？

和我的沙发、我的地毯比较起来，我孩子的价值当然应该高出许多许多。可是，每次孩子把牛奶洒在沙发上或者地上的时候，我不是都很快地把孩子赶在一边，然后很心疼地去收拾残局吗？在那一刻，孩子眼中气急败坏的妈妈，不是好像爱沙发、地毯多过爱孩子吗？

不过，我并不是说，从今以后，在孩子打翻东西的时候我都会鼓掌叫好，并且很快乐地叫他再来一次，好让我能再欣赏一次。不是，我绝不是这个意思。

我只是提醒我自己，这是上天赋予幼儿的一个特殊的权利。当然，我仍然会赶赶忙忙地去收拾，我也许仍然会告诉他说：他犯了错了，可是，在我心里，我要感谢上苍，感谢它能让我享受做慈母的幸福。而在我眼里，我要温柔地安慰我的孩子，他是犯了错了，可是，他犯的是一项"美丽的错误"。

人生有好多不同的阶段，在每一个阶段都有不同的特色，我们既然可以欣赏老年的慈和、中年的成熟、青年的美丽、儿童的天真；那么，我们为什么不能欣赏幼儿的失误呢？

他不会好好地拿杯子、他不会好好地拿汤匙、他若跑得快就常会跌倒、他若说得急就常会说错；可是，在那样幼小的年纪里，他所有的失误不都是为了惹你怜爱？不都是为了告诉你，他一刻也不能离开你吗？他有软软的双脚、软软的双手，和一颗软软的心，需要我们给他永远不嫌多的爱和安慰，需要我们所有的陪伴。

而当有一天，当他走路不再常跌跤了、当他把杯子拿得很稳了、当他口齿非常清晰了的时候,他就不再"那样地"需要我们了。

当然,他仍是你的儿女,可是他已经开始往他自己的路上走去了。他需要的扶持越少,就表示他将离你越远。若他有了悲伤,已不是母亲的一个拥抱或者一次亲吻可以安慰得了的,若他有了恐惧,母亲的怀中也不再是最安全的地方,有些事情,已非慈母的力所能及了。当然,他仍然会不断地做错事,他仍然需要你不断地引导,可是,那些错误就将是一些真正的错误,不再如幼儿时所犯的那样温柔和美丽了。

前一阵子,孩子还小的时候,我和所有年轻的母亲一样,觉得我在数着日子,我们常说:

"再熬两年,等孩子上幼稚园就好了。"或者:

"等孩子都上了学,我就苦出头了。"

今夜,我才发现,我们都在浪掷着上苍给我们的最好的一段时光。在这段时光里,我们原来可以好好地享受孩子给我们的每一刹那,和我们给孩子的每一刹那,这原来该是整个世界的一个开始,最最单纯与无私的施与受,这样的爱,在以后的日子里将变得比较稀少了。

亲爱的朋友,让我们来做一个快乐的慈母吧。在这封信的最后,让我再引用张秀亚女士的一段文字来与您分享:

有时,偶尔我为一些日常的琐事而抑郁时,墙外传来巷中孩童的不分明的语声,夹杂着纯真的欢笑,每使我微莞,而想到了那句诗:

"上帝,孩子的眼中有你!"

恢宏的心胸

是说再会的时候了。一年半来,给年轻的中国母亲写了十八封信,不能说少,也不能算多。正如杨子先生所说的:说出来的话只是浮在水面的那一部分的冰山而已,还有更多的话,也可以说更多的愿望是属于没有浮出来的那一部分。

我心中有很多的愿望,希望母亲能快乐,希望孩子能快乐,希望家庭能快乐,希望社会能快乐,更希望,我们能成为一个健康和快乐的民族。

有很多话,是无法完整而有条理地说出来,因为,有些感情,是无法加以整理与分类的。当然,有些人可以这样做,而且也做得很好。叮是,很遗憾的,亲爱的朋友,我不是这样的一类。

所以，我只能试着，在一年多以内，试着把我对幼儿美术教育的一点心得和感想写出来，我知道我不可能写得很成功，也不可能写得很完备，可是，心里面有一种感觉在催促我，在提醒我："假如我认为有需要这样去做的话，我就应该去做，不要管做得好，或是不好。"

因为，在一切之上，或者，可以说，深藏在一切之下的，是我对整个生命的一份热爱，这一份热爱有时候让我变得极为灵巧，有时候却让我变得非常笨拙。

今夜，在写着这一封说再会的信的时候，我知道，还有很多在幼儿美术教育上该注意到的事，我还没能完全地说出来。不过，我想，和另外一个题目比起来，这些没说出来的小题目都不太重要了。

今夜，我要说的这个题目就是：如何能让我们的孩子有一个恢宏的心胸。

恢宏的心胸就是一个没有偏见、没有私心，能包容并且容忍他人的不同的一种心胸。

我常在想，假如民族与民族之间能够互相爱慕，世界该有多美好！假如我们不因为语言的不同，生活习惯、思想方法的不同而开始厌恶，再进而排斥别人的话，这个社会该有多安宁。

太多的误解与纠纷不是我们这些年轻的母亲可以插手并且干涉的，可是，在我们的小小社会里，在我们幼小孩子的身边，我们可以开始来做一些事情了。

首先，我们要让孩子知道，不要讪笑隔壁的小毛长得太胖，也不要讪笑后面的阿玉家里太穷，因为，这些都不是他们的错。我们要让孩子明白，"缺点"是一种什么定义，怎么样的行为与表现才算缺点。也许孩子太小，还不能明白你告诉他的话里的深意，可是，起码，他可以知道，他有一个慈爱并且公正的妈妈。

然后，我们要让孩子知道，会画画，并且画得好，只是比别人多了一种快乐而已，并不能算做一项可以自骄于人的才能。看过多少母亲面有得色地带着她的孩子在街上走，孩子手里或是拿着画袋，或是拿着琴

盒，或是拿着音乐班的书包，感觉到那是一种可以炫耀的地位或者阶级时，我心中都觉得非常沉重。年轻的母亲，你可知道，你正在慢慢地毁坏着你孩子那颗原本非常美丽的心啊！

也许，你的孩子会在长大以后，变成一个有着非常高超技艺的艺术家，可是，他不过是一个自私和自大的艺术家而已。如果你从小就这样地教育着他，让他只知道有自己、只知道一切与自己的利益有关的事物，他也许仍然可以生活得快乐，可是，这一种快乐是经不起打击与挫折的，因为，他缺少一颗爱别人和容忍别人的恢宏心胸。

亲爱的朋友，是说"再会"的时候了，请让我们为自己的下一代努力，努力让他们能有一个更好、更适宜于生活的世界吧。让我们彼此勉励，彼此祝福，彼此不相忘记。

让孩子的世界能如百合一样的清纯和无瑕。

没说完的话（之一）

有一年的暑假，参加了一次资赋优异儿童的绘画营。那是为在小学里画得特别好的小朋友和他们的指导老师所办的一项暑期活动，学校安排我上几堂课。

有一堂课，孩子们要求要自由地画一次，我答应了他们。其中有个高年级的小男孩特别引我注意，整堂课，他只草草地画了一座山一片水，构图很简单，可是看他调水彩，用画笔的那种潇洒的样子，颇有"乐在其中"的感觉。画好了以后，他却又有一点不安了，一直钉问我：

"我是不是可以不画了？"

"我想，我今天就画成这样，好不好？"当然好啊！本来就答应了他们画一张很自由的画的嘛。得到我肯定的答复以后，他乐得跳了起来。我原来以为他是想跑出去玩的，谁知道他可是很认真地，一张张地去参观起别人的画来了。在一排排的桌椅间走过来走过去，还不时对别人的作品发表一些意见，有些意见还真的满可爱的。

快下课的时候，他们的指导老师在听完另外的一场演讲之后，也都到他们的教室窗外来了，有几位也开始隔着窗子看他们学生的作品了。

这时，一位女老师气急败坏地走进来，劈头就对着那个男孩子骂了一句：

"永远是这样！一不看到你，你就偷懒！"

她的声音好大，气势逼人，然后紧接着她就叫那个男孩子把笔和调色盘再拿出来：

"再画，要用功，再把这张画画好一点。"

男孩子乖乖地照着做，画纸重新摊开，画笔重新拿起，等着老师的命令。

"天空再多涂一点颜色，山要画倒影，哪有水边的山没有倒影的?"

于是,男孩子就皱着眉头,开始一笔一笔地涂起来了,小小的一张脸上竟然出现了一种不自觉的悲苦的表情。

站在讲台上,被那位女老师的不礼貌的行动吓呆了的我,在看到那孩子无奈的表情时,心里忽然要冒起火来,我走了过去,想对那位女老师说几句比较严厉的话。

想不到,她先对我说了:

"老师,你不可以这样信任他们,你不能由得他们爱画不画,尤其这个孩子,只要不看着,他就会偷懒的。"

"可是,是我答应了他们随意画的,你应……"

我话还没说完,她就抢了过去:

"你不清楚,我是他的老师,也是他的母亲,我最知道这个孩子的脾气了。"

我的天啊!这是怎么样固执的一位母亲啊!

孩子那张悲苦和无奈的脸我到今天都没法忘记，他那张一笔一笔逐渐涂深逐渐变得呆滞的画我也没法忘记，而我当时极力克制才没有爆发的那种愤怒我也没法忘记。

对于她的闯入，她的干扰，甚至她大声地对我说话我都不再介意了，我介意的是她的过度的自信。她凭哪一点可以确定在水边的山都是有倒影的呢？她什么时候仔细地去观察过？她知不知道，在每一种不同的时刻里，因为湿度，因为温度，因为太阳，因为风，因为种种微妙的配合与变化，水边的山会有千种不同的面貌。她凭哪一点可以把"在水边的山一定都有倒影"的概念硬生生地要塞进她孩子柔软的脑子里，她凭那一点认为用功的定义就是多涂几笔？涂深一点，涂满一点就是画得好的表现？

还有，最让我介意的，就是，她凭那一点认为"美术教育"的定义就是看着孩子，让孩子不要偷懒，要他足足地画上两节课呢？

怎么办？我该怎么？孩子是高年级学生了，是已经不再是幼儿了，是可以开始训练了。可是，如果是这样的一种训练，已经远离了"美术教育"所希望的本意。她不单不能给孩子以一种平和与放松的心情，相反地，她把她的孩子重重地压在她错误的概念之下。要到哪一天，她的孩子才能靠自己的能力重新建立起一种正确的对"美术教育"的认识呢？

幸好，她只是极少数中的极少数，可是，只要想到她，我心里就开始不安起来。也许，对她的孩子来说，"不会画画"恐怕要比"会画画"要来得幸福得多了吧？

没说完的话(之二)

很想念两年前的那一段日子。在灯下,在开满了茉莉或者桂花的窗前,一篇一篇地写着"给年轻母亲的信",那时候心里觉得那样地安宁和快乐。

不过,世间一切的安排都是由不得人的,杂事越来越多,原来在教书、画画、写诗之外,还有很多闲暇可以让我随意支配的,却都在日渐纷乱的时间表上消失不见了。勉强支持了一阵子以后,终于还是不得不把这个专栏给停了。

其实,心里还是有着很多没能说完的话的,就好像在和一个很相知的朋友分别之后,忽然又想起了一些可以告诉他的话似的,不禁有点怅怅然。

我总认为,"童年"是上苍给我们的一个最好的

"见面礼",一生只能有一次。只有在这短短的几年里,我们不需要挣扎,不需要奋斗,不需要竞争;我们只需要做一件事,就是享受父母给我们的爱,然后再以温暖的笑容回报他们。因此,在入学以前,在六、七岁以前,一个幼儿的权利与义务应该就只是如此而已。

当然,每个人的命运都不相同,很难给"幸福童年"下一个定义。

我们很难说:是那些赤足在田间水边奔跑,有着一张黑脸,一嘴白牙,会抓虫又会捕蝉的孩子幸福?还是那些穿着新衣新鞋,有着很秀气白晰的眉目,很文雅得体的举止,会弹琴又会跳舞的孩子幸福?

不过,我想,生活环境的不同,外貌的不同,教养方式的不同其实都不怎么重要,都没什么关系。在幼儿时期,幸福不幸福,最重要的关键,应该就只是在于孩子有没有一个爱他的母亲和爱他的父亲而已。

应该就只是如此而已。

贫穷不是羞耻,富贵也不是罪恶,粗茶淡饭与锦衣玉食并没有太大的差别，只要我们有爱，孩子们就会有笑容。

然而，这种一直被我强调的爱却不是溺爱，和这个世界一样，一切都是要适度地给予。草原需要阳光，但是，过度的烈日却能使良田变成沙漠，孩子也是一样，我们要适度地去爱他、宠他与培植他。

我也犯过不少的错。孩子小时，无论穿衣、吃饭，我都在他们旁边，尽我所能地去帮助他们。

孩子开始画画的时候，都有一个共同的现象：他们画人的时候，有头，有身体，有脚，可是，都没有画手。

有一天，画家潘朝森来到我家，他是我北师艺术科的同班同学，指道儿童绘画很有心得。他来的时候我的孩子们正在画圣诞老人，我笑着要他看：我孩子会画没有膀子也没有手的可怜的圣诞老人。

他看了我一眼，问我：

"你知道，你犯了一个很大的错误吗？"

"什么错误?"

"你帮你孩子做了太多的事,你剥夺了他们自己去尝试成功与失败的权利。"

真是这样吗?我从少年时就认得的同窗好友,果然有着一番不同的见解,多年指导儿童绘画的经验,使他从儿童的画面上可以看出孩子的生活背景和他们的渴望与欠缺。原来不是所有的孩子在刚开始画画的时候都是一样的。原来父母过分照顾,衣来伸手,饭来张口的孩子,画人物时通常都不画手,或把手画得很小。原来在乡下或在家里要帮父母做太多的事情的孩子通常都会把手臂画得很粗,五根手指头一根也不少并且都很有力。原来在日本有些公寓,儿童因为活动空间太小,竟而在画人物下身时只画一团裙子或一些衣物而不再画脚。

原来,我以为我给了孩子的,却是我从他们那里拿走的。原来,过度的注意与关怀也是一种阻挠与妨碍。

知道了自己的错误以后,就开始修改生活的态度。

可是，心里也明白，错误不是只有一处，也不是只犯一次："养儿方知父母恩。"我自己的双亲，不也是这样辛辛苦苦、战战兢兢地把我们带大的吗？而在当年那样一种战乱的环境里，我的父母为了供给我一个幸福的童年，所作的牺牲与辛苦必千百倍于今日的我对我的孩子吧。

在这里，在这本小书的最后，我要再一次地向他们说出我的感激与敬爱。